La Baronne Deslandes

(OSSIT)

PAR

HIPPOLYTE BUFFENOIR

Membre de la Société des Gens de Lettres

Prix : 1 franc.

PARIS

LIBRAIRIE DU " MIRABEAU "

15, Rue des Apennins, 15

—

1895

(Tous droits réservés)

La Baronne Deslandes

(OSSIT)

LES SALONS DE PARIS
GRANDES DAMES CONTEMPORAINES

La Baronne Deslandes

(OSSIT)

PAR

Hippolyte BUFFENOIR

Membre de la Société des Gens de Lettres

Prix : 1 franc.

PARIS
LIBRAIRIE DU "MIRABEAU"
15, Rue des Apennins, 15

1895

La Baronne Deslandes

(OSSIT)

I

IL y a quelques années, nous avons remarqué, pour la première fois, le nom d'Ossit, au bas de quelques pages de prose, écrites avec une finesse de touche peu commune de nos jours. Observateur attentif de la vie parisienne, suivant avec un intérêt tout spécial ses manifestations mondaines et littéraires, nous avons noté ce nom, pensant bien qu'il ne tarderait pas à surgir de l'ombre, et à s'affirmer par des œuvres de valeur.

Nous ne nous trompions pas. Ossit a réalisé les espérances qu'elle faisait naître; déjà la célébrité voltige autour de son image gracieuse, et les trompettes de la renommée parlent de cette jeune femme sur tous les rivages où il y a des intelligences avides d'inconnu, et des cœurs aimants. A peine âgée de vingt-six ans, elle a su cueillir un rameau de gloire, et autour de ses cheveux, j'aperçois des myrthes et des lauriers.

L'ambition artistique et l'amour des lettres sont vraiment de puissants leviers, et qui les ressent fortement est supérieur aux misères et aux décadences, dont s'attriste le regard du philosophe.

II

Ossit est une femme du monde, qui, naguère, s'appelait la comtesse Fleury, et qui vient de reprendre son nom de jeune fille, baronne Deslandes. Le Pape a annulé son mariage. C'est même à ce procès en annulation, soutenu devant la Cour de Rome, que nous devons la série de ses œuvres charmantes.

En effet, la baronne Deslandes, tant qu'elle fut dans cette situation de plaideuse, si délicate pour une toute jeune femme, avait eu le courage de renoncer au monde, et de vivre seulement avec des parents, des intimes. Les soirées sont longues pour une mondaine subitement devenue recluse. La jeune baronne voulut se donner la comédie ; elle mit un masque, s'appela Ossit, et bravement, publia son premier livre : *A quoi bon ?* Mais, procédons par ordre.

Mondaine, disons-nous : Pendant sept à huit ans, en effet, elle le fut tout-à-fait. Fêtée et adulée, elle respira toutes les joies, toutes les ivresses qu'une jeune femme, troublante en sa mélancolie, peut rencontrer dans ce pays enchanté, mais à base mouvante, qu'on appelle le monde.

Cependant, la jeune femme observait, réfléchissait, et il lui arrivait parfois de prendre une plume, et de faire revivre sur le papier ses impressions, ses émotions, ses désirs, ses rêves.

Elle prit goût à cette tâche d'écrivain, et on commença à la voir plus rarement dans les salons. Une idée était entrée dans son esprit : Publier un livre ; un sentiment allait la dominer, celui de se faire un nom dans les lettres.

Les bals, les soirées, les fêtes passent, rapides, et leurs griseries se dissipent comme un brouillard des montagnes. Mais la page imprimée, mais la pensée écrite, mais le livre demeurent, et se dressent comme un vivant témoignage de notre force, des aspirations de notre âme, des splendeurs de notre Idéal...

Oh ! voir, à la vitrine des libraires, sous une fraîche

couverture, des feuillets noircis, fils de notre cerveau, enfants de notre imagination, écho de nos espérances, reflet
du meilleur de notre être, de nos angoisses souvent !...
Quand ce désir nous mord, comme le monde nous paraît
vide, et comme nous devenons lents à y reparaître !

La période des entrainements mondains était passée
pour Ossit. Elle entrait dans la phase de l'action, de la
pensée, de l'art, disons le mot, de l'ambition, car les
femmes noblement douées la ressentent comme l'homme.

Elle publia d'abord quelques nouvelles dans les journaux et les revues. C'est là que sa prose me frappa par je
ne sais quelle délicate mélancolie, et que j'augurai favora-
blement de son avenir littéraire.

Elle voulut s'affirmer par un roman, et courageusement
se mit à l'œuvre, dans les circonstances indiquées plus
haut. Elle donna à son livre un titre où se révèle un scep-
ticisme empreint de tristesse : *A quoi bon ?* Alphonse
Lemerre l'édita en 1892, et les délicats lui firent un accueil
de choix.

L'incognito d'Ossit ne pouvait être longtemps gardé.
Il fut dévoilé, non pas dans le monde d'abord, mais par
des artistes qui voulurent savoir quel était ce rival de
Loti. De délicieux paysages d'Egypte, des scènes de
passion et de mélancolie traitées avec un charme iné-
puisable, voilà qui devait éveiller la curiosité des gens
de goût, des « gens de métier », comme on dit.

Ensuite ce fut dans le monde un engouement. De ce
roman *A quoi bon ?* il se vendit sept éditions. Les libraires
des Champs-Elysées, du faubourg Saint-Honoré, n'ont
jamais connu de plus gros succès. Faut-il ajouter que les
pauvres ne furent pas les derniers à se féliciter de ce
succès de librairie de la jeune *authoress.*

Voici le jugement d'un critique autorisé : « Le roman
A quoi bon ? place Ossit au premier rang dans la pléiade
des femmes de lettres les plus distinguées. Il y a de la
poésie et de la passion, du charme et de l'originalité, de
la vigueur et de la profondeur dans ce roman. On dirait
que la plume si fine qui l'a écrit est imbibée de larmes.

La société de Paris, et celle du Caire sont décrites là avec un réel talent.

« Comme la jeune comtesse le connait « le monde fashionnable avec ses cruautés, ses indulgences sans raison, ses concessions inconcevables, inouies, ses petites grandes lâchetés, habituelles au snobisme, et un ennui inexprimable en même temps, recommençant la vieille routine usuelle, le sourire aux lèvres, son sourire perpétuel d'idole, qui est un masque comme tout le reste ! »

Citons encore cette phrase qui donnera une idée du style vraiment remarquable de : *A quoi bon ?* « Les étoiles sont muettes, froides et scintillantes ; il lui paraît qu'elles s'éloignent d'elle, qu'elles reculent et s'enfoncent plus avant dans la nuit. Elles ont l'air méchant, à présent, et glaciales, sans compréhension aucune et sans pitié, comme un œil sec. On ne s'imagine pas à quel degré les choses inanimées peuvent devenir cruelles. La nature est comme le monde, elle n'aime pas les malheureux. »

En résumé, le livre : *A quoi bon ?* est l'histoire cruelle et vécue de l'inutilité des choses, de la vanité du bonheur humain : et l'énigme de la souffrance s'y dresse en face de la fatalité, dans une réalité désespérante.

III

Le succès de *A quoi bon ?* attira l'attention sur son auteur. Les reporters avides des grands journaux assiégèrent sa porte, et nous donnèrent d'intéressants détails. C'est la menue monnaie de la renommée.

Ossit avait trouvé sa voie : Elle marcherait sur les traces glorieuses des femmes qui, comme Madame de Staël, George Sand, Madame Ackermann, ont illustré leur nom dans les lettres ; elle serait écrivain.

Voici une esquisse qui nous la montre, après la publication de son premier roman : « D'une beauté jeune et rare, elle est extrêmement caractéristique, avec ses lèvres aux commissures d'un dessin ravissant, les yeux divinement doux, et cependant très vivants, et qui suivent si bien, en leur expressive mobilité, l'impression du moment. Mais, par dèssus tout, ce qu'il faut peut-être aimer le mieux ici, c'est le front où se reflètent visiblement, en quelque sorte, les moindres transformations de sa pensée..... Tantôt, ce front s'éclaire d'une lumière soudaine, comme la bouche s'éclaire d'un sourire; tantôt, en un plissement rapide et vite réprimé, il s'assombrit d'une idée triste. »

Après *A quoi bon?* Ossit fit paraître, dans la *Nouvelle Revue,* une étude curieuse sous ce titre : *Cruauté.* C'est l'histoire d'une femme charmante et étrange qu'aime ardemment un jeune homme. Celui-ci le lui déclare après un certain temps d'épreuve. Mais l'héroïne, qui se sent prise pour lui d'un attachement très réel, résiste cependant et dit : « Revenez ici dans un an ! » Il est convenu que ni l'un ni l'autre ne chercheront à se voir d'ici là. Une année s'écoule. Le jeune homme est au rendez-vous assigné, à Florence, et il attend depuis un moment, quand un ami, qui le rencontre, lui annonce la plus terrible des nouvelles.

— Tu te souviens de cette jolie comtesse de Clèves ! Eh bien, elle est arrivée hier à Florence, et elle est morte ce matin.

C'est là la double cruauté du sort pour deux êtres qui s'aimaient. D'où, à mon avis, il faut conclure avec Ronsard :

> Vivez, si m'en croyez, n'attendez à demain !
> Cueillez, dès aujourd'hui, les roses de la vie !

Ossit donna ensuite, dans le *Figaro* — véritable révélation — une étude consciencieuse sur Burne-Jones, le grand peintre de l'Angleterre, le primitif qui met dans les yeux de ses modèles, toutes les douleurs vécues et devinées depuis de longs siècles d'épreuves, toutes les émotions modernes de notre cruel dix-neuvième siècle.

La jeune femme, qui sait aussi manier le pinceau, prouva, par ces pages, qu'elle est compétente dans les questions de cet art si empoignant de la peinture : Elle l'avait prouvé, d'ailleurs, en exposant avec succès au Salon des Champs-Élysées, quelques années auparavant.

Son portrait a été fait par des maîtres : Burne-Jones, que nous venons de nommer, Boutet de Monvel, Helleu, d'autres encore.

Détail féminin que nous tenons à révéler : Ossit fait broder ses robes avec de petites pierres précieuses, diamants, perles, émeraudes, saphirs, etc.

IV

La baronne Deslandes, on le voit, est née sous une heureuse étoile. Elle n'eut qu'à paraître dans le monde des arts et des lettres, et elle y fut saluée, non comme un écrivain amateur, mais comme un professionnel de la carrière, marqué au front pour le succès et les émotions de la gloire.

L'accueil fait par le public au livre *A quoi bon ?* devait encourager la débutante, aussi ne s'endormit-elle pas sur ses lauriers, et se mit-elle à écrire un second roman qui a paru tout récemment (Juin 1894) sous ce titre : *Ilse*, et qui a été un des événements littéraires de la saison.

L'accueil fait à *Ilse* par la critique est significatif. C'est de tous côtés de sincères éloges. Ceux qui, avant l'impression de l'ouvrage, ont eu la faveur d'entendre une lecture de ce petit récit, romanesque comme une légende d'Ondines du Rhin, et pur de sentiment comme une chevalerie de Tennyson, en ont gardé un émerveillement pour cette conception d'une qualité d'âme exquise.

La dédicace du livre à la comtesse L. Mniszech, née de Montault, est ainsi conçue : « Voici un petit livre très triste. Je l'ai rêvé cet été, — trop loin, — dans le Nord, — et la nostalgie du grand *sund* bleu est entré dans l'âme de Ilse. Voulez-vous aimer un peu cette tendre petite fille d'imagination, dont la vie tendre et cruelle pourra vous émouvoir? ... »

C'est à Bamberg que vit et meurt Ilse, dans la petite ville si pittoresque qu'ont visitée quelques-uns des pèlerins de Bayreuth.

Ce qui fait le talent de la baronne Deslandes, comme le charme qui a groupé autour d'elle tant de hautes admirations, c'est qu'il est de la qualité la plus rare, sans être affecté. A un moment où le talent des hommes est taché de mièvrerie, un livre comme *Ilse* démontre une fois de plus que c'est dans le raffinement de l'âme, et non dans la préciosité de l'expression qu'est le charme touchant.

Un grand journal américain écrivait récemment de la baronne Deslandes, qu'elle ne boit que de l'eau parfumée. Ce sont là des imaginations de barbares. La baronne Deslandes se contente d'aimer la perfection, ce qui est encore plus difficile à réaliser que l'étrange.

Son hôtel est, dès le seuil, une petite merveille de silence, de teintes harmonieuses, d'imprévu où rien ne choque. On parle surtout d'un petit salon dont le caractère, peut-être unique à Paris, est d'être absolument blanc : tout en pékin blanc et en boiseries Louis XVI pur. Nul objet n'y a place qui ne soit également d'une blancheur immaculée.

Wagnérienne, préraphaélite, cosmopolite qui parle cinq ou six langues, d'un goût très pur et très osé dans toutes les choses d'ameublement et de toilette, la jeune femme de qui nous parlons était déjà une des figures les plus charmantes de la société européenne, fêtée à Londres comme à Paris. Mais la tendre beauté de cette héroïne qu'elle a nommée Ilse, et sur qui les plus beaux yeux vont s'attendrir, va ajouter à cette notoriété déjà flatteuse quelque chose de grave qui, demain, sera la célébrité.

Il est presque fâcheux que tant de charmes aient été assemblés par le sort autour de la baronne Deslandes. Ils risquent de distraire l'admiration, qui, si l'auteur se fut nommée tout uniment *Ossit,* se fut maintenue uniquement sur le livre.

Ilse aura été un grand succès de société, une perle de plus au collier de la mondaine, mais elle restera, dans l'avenir, un des plus précieux petits bijoux de notre littérature, — à classer, sur le rayon de sa bibliothèque, entre Gérard de Nerval et Henri Heine.

V

Voici, au sujet d'*Ilse,* un jugement plein d'intérêt :

Les livres les plus aimés, ce ne sont pas « les chefs-d'œuvre classiques ». Le *Discours sur l'Histoire universelle,* l'*Esprit des Lois,* le *Contrat social,* les *Origines de la France contemporaine* dominent les imaginations, mais ne sont jamais très près de notre cœur qu'ils humilient, car, auprès de leurs graves débats, nos tendres soucis se sentent un peu désorientés. Il y a bien des jours où les meilleurs esprits préfèrent ce que l'on nomme les *petits chefs-d'œuvre.* La littérature française en offre une riche collection, tantôt spirituels comme les *Mémoires de Grammont,* tantôt touchants comme *Ourika* de Mme de Duras. Il n'est pas étonnant que des femmes en aient écrit des plus exquis. Il y faut de la mesure, de la tendresse, de l'élégance, en un mot le don de plaire poussé jusqu'au pouvoir de se faire aimer.

La femme, qui signe Ossit, publie un récit romanesque de goût très pur, et si gracieux que ce pourrait bien être un « petit chef-d'œuvre » de plus.

Ilse est une petite fille de Bamberg qui a de longs cheveux blonds, adore les fleurs et fait ses confidences à la rude statue équestre de Konrad III dans la cathédrale. C'est déjà une grande naïveté de supposer une âme aux objets ; Ilse va plus loin, elle croit capable d'amour un fat élégant qui, venu pour les représentations de Bayreuth, s'est écarté jusqu'à Bamberg.

En réalité, ni les belles statues, ni les beaux jeunes gens, ne sont inanimés, puisqu'ils savent parler aux petites filles, mais ils ne savent point les entendre.

Ilse meurt d'une chûte du haut piédestal où est juché Konrad III ; mais plus exactement elle avait été brisée en constatant que le brillant cavalier qui, pendant vingt-quatre heures l'avait admirée, la délaissait. C'est du haut de ses illusions qu'elle tombe.

... Mais du tissu précieux qu'est ce récit, on ne peut rien détacher, rien broder. La jeune femme qui signe Ossit nous explique Ilse, comme elle ferait d'une petite sœur ; elle guide notre main jusqu'au cœur palpitant de cette douce nature, et bien qu'Ilse ne sache point faire de grandes révérences de cour, et qu'elle n'ait pour tout bijou qu'une perle laissée à ses doigts par celui qui les pressa un jour, nous sommes d'accord avec l'auteur, pour dire, en fermant le volume, que cette enfant romanesque, esclave et victime des réalités, est une petite reine, reine des cours d'amour et reine de féerie.

On nous a dit que Burne-Jones, faisant un portrait de la jeune authoress, lui avait placé dans la main une sphère en cristal. C'est un hochet d'enfant, et rien ne nous touche plus que de retrouver l'enfant sous la femme ; c'est aussi un globe d'impératrice, car la beauté et le talent sont une domination ; mais c'est surtout le signe de l'univers tel qu'il apparaît évidemment à la jeune femme qui a écrit Ilse, et qui de la vie ne veut admettre que les reflets qui peuvent tenir dans une boule de cristal.

L'univers, pour elle, est fait de beauté et de bonté ; elle n'y distingue rien que d'épuré et de délicat, sous tout ce qui la touche. Ilse rend un son parfait qui se prolonge indéfiniment en mourant. Et son malheur, elle ne l'attribue à aucune bassesse du jeune homme, à aucune inégalité sociale, mais seulement à la fatalité qui brise un bibelot précieux.

Peut-être y aurait-il quelque lourdeur à développer, à propos de ce petit livre très particulier, ce que comporte de délicieuse poésie une conception futile de la vie. Cela pourtant est exact ; en bannissant de notre route moderne la frivolité, on se prive d'une qualité de sensation exquise. Il est bien possible que les professionnels hommes du monde — ceux qui ne sont que des mondains — soient un peu inférieurs à l'ordinaire de leurs contemporains ; ils mènent une vie de représentation qui n'aurait de sens que si elle était fortifiée par quelque autorité ; or, dans la société contemporaine, ils n'ont plus de domination réelle. Mais les femmes absolument oisives, elles du moins, nous conservent une certaine sorte de grâce qui ne se trouve que dans les objets inutiles et vraiment superflus. Ce qui caractérise un bijou, c'est d'être précieux et de ne pouvoir servir à rien.

Ilse, pas plus qu'un bijou, ne prouve ni démontre rien, mais elle contente mille besoins de sympathies, d'aimer, de s'étonner, de caresser une chimère, qui sont très vifs chez les petits enfants, qui subsistent chez les jeunes femmes et chez les poètes. Avec le charme des légendes du Nord, c'est la clarté, la vivacité et, de-ci de-là, le sens du ridicule qui caractérisent les petits chefs-d'œuvre de notre littérature. On n'en saurait mieux dire que Sainte-Beuve, parlant de pages d'amour et de mélancolie, faites comme celles-ci, pour être adoptées par des milliers d'imaginations et de cœurs qui y retrouvent leur rêve : S'il est quelques livres que les *cœurs oisifs et cultivés* aiment tous les ans à relire une fois, et qu'ils veulent *sentir dans leur mémoire comme l'aubépine et le lilas en sa saison, « Ilse » est un de ces livres.*

Nous tenons à reproduire, à propos de ce livre sensationnel, une piquante causerie du brillant écrivain, René Maizeroy.

« C'est une de ces raffinées, dit-il, qui vient d'écrire l'un des plus attendrissants livres de tendresse et de souffrance que j'ai jamais lus, une simple et brève histoire de cœur blessé, de virginité ingénue, de vie d'âme qu'encadre le décor gothique d'une vieille ville d'Allemagne, des fenêtres fleuries d'où l'on voit, entre des disques de tournesols, se dérouler de lointaines et vertes collines, des ciels d'un bleu léger semé d'hirondelles, et la nappe lente, les reflets changeants d'un fleuve comme assoupi en un songe éternel.

« Cela s'appelle *Ilse*, et je ne saurais dire l'émotion profonde, pénétrante qui se dégage de cette aventure discrète, simple, embaumée d'une odeur de jeunesse, de ce récit qui révèle le long martyre d'un pauvre petit cœur d'enfant leurré de mirages, d'une fillette blonde et sainte dont la frêle enveloppe se brisa pour avoir écouté des mensonges, pour avoir eu l'espoir, la chimère d'être aimée.

« Je connais à peine l'auteur de ce petit livre, qu'on rêverait enluminé d'images mystiques comme un missel de dogaresse, la jeune femme qui se cache sous ce nom énigmatique : Ossit.

« Je la vis, un jour, dans un atelier de peintre mondain, et j'ai souvenance comme d'une apparition vaguement frôlée de sa tête étrange, d'un charme altier, que casquait une capote de fourrure comme durent en porter les pâles guerrières de Thermodon, du vague et traînant regard de ses yeux de myope, de la souplesse féline, onduleuse de sa silhouette, que barrait la tache fauve d'un large manchon, de sa voix impérieuse, inoubliable.

« Je retrouvai ensuite son goût de l'extériorité, sa svelte grâce de conquérante dans un harmonieux portrait au Champ de Mars.

« D'aucuns me racontèrent l'arrangement esthétique de son intérieur, les amitiés triées dont elle entoure sa quiétude de délivrée, ses enthousiasmes de préraphaélite, et le culte qu'elle a pour le maître anglais Burne Jones, pour le peintre divin des yeux d'enfant et des lèvres rêveuses.

« Et l'on se demande comment un cœur épris de l'ignoré, un cerveau qui paraît aussi compliqué que ces précieuses boîtes de laque japonaise, où l'on se heurte à tant de cachettes, ont pu concevoir ce conte moderne, qui a tout le charme des contes de fées.

« Le thème en est léger, comme ce parfum des œillets sauvages qui fleurissent sur les vieux murs.

« Une enfant de dix-sept ans qui ne sait rien de la vie, qui poussa dans la tiédeur des tendresses comme une petite fleur éphémère, qui a l'idéale joliesse des prédestinées que fauchera la mort avant l'heure, qui vague comme en un monde chimérique et croit à tout, aussi bien aux elfes, aux ondines qu'à la Sainte-Vierge, qui s'attarde dans l'ombre fraîche des cathédrales, aux pieds des statues d'empereur, et leur confesse ses joies en d'interminables et délicieux colloques, Ilse, la sœur d'un marinier, rencontre sur son chemin de paix et d'insouciance un de ces pèlerins passionnés qui, chaque été, vont oublier leur dégoût de vivre aux fêtes de Bayreuth. Il est beau. Il sait les phrases qui enchantent, qui troublent, qui déchirent les voiles. Il a quelques jours à perdre. Il s'ennuie, et cette passionnette imprévue qui s'offre à son désir lui apparaît comme un bain purifiant où il oubliera des intrigues qui l'écœurent. Et, inconscient de la cruauté, du crime qu'il commet, le despotique voyageur joue toute la comédie de l'amour, pétrit dans ses mains cette âme virginale, y sème, y enfonce des désirs confus. Elle en perd la tête. Elle voit comme s'ouvrir le ciel devant des annonciations de bonheur et d'orgueil. Elle s'accorde en des fiançailles éperdues dans la nef silencieuse où l'icone équestre de l'empereur Konrad veille comme pour déjouer les complots de l'enfer. Et le dilettante d'amour n'aurait qu'à la baiser aux lèvres, qu'à l'envelopper de ses bras robustes, qu'à l'emporter vers quelque alcôve pour qu'elle se soumit, inconsciente, en extase, pour qu'elle se laissât déflorer. Mais il en a pitié, en une passée fugace de remords, il recule devant cette œuvre infâme ; il appuie seulement sa bouche sur ses petites mains qui se tendent aux siennes.

« Et, comme il ne revient plus jamais, comme elle ne peut oublier ces minutes où s'éveilla son cœur, ce beau rêve qui l'emparadisa, la petite Ilse cherche l'oubli, le repos dans la mort.....

« O l'exquise et délicate histoire, qui vibre et qui pleure comme le sanglot d'un violon dans une chaude nuit d'étoiles, le doux livre qu'une femme pouvait seule écrire avec toute son âme de mélancolie, et que décore cette épitaphe de stèle antique :

« Aux Dieux mânes de la petite Ilse, âgée de dix-sept ans qui, à Bamberg, aux bords du Main, fut aimée trois jours et mourut ! »

Enfin, nous nous reprocherions de ne pas donner ici cé joli instantané du *Figaro* :

OSSIT

« Une des personnalités mondaines les plus en vue en ce moment. Baronne Madeleine Deslandes, hier encore comtesse Fleury. A signé Ossit un premier livre : *A quoi bon ?* puis tel article sur le peintre Burne-Jones, très remarqué dans ce journal même, puis enfin et surtout ce petit chef-d'œuvre, charmant et touchant comme un conte d'Andersen poussé en beauté : *Ilsc*, où l'histoire d'une petite fille allemande, qui a étonné et conquis les critiques les plus défiants.

« Non contente de ses brillants succès littéraires, Ossit se plait à composer des toilettes, des chefs-d'œuvre qui font l'admiration de Burne-Jones et de la Gandara, ces raffinés entre tous. Enveloppée dans de longs fourreaux de soie tissée pour elle par Morris de Londres, Ossit évoque le souvenir des séduisantes et pâles figures de Botticelli.

« Son élégance fait loi, et depuis ses pieds, les plus petits de Paris, jusqu'à ses yeux mystérieux et tristes, tout en elle est exquis dans sa rare perfection.

« Quoiqu'il n'y ait pas à Paris de femme connaissant aussi à fond la philosophie de Schopenhauer et de Nietsche qu'elle a étudiée en allemand, Ossit ne dédaigne pas les plaisirs mondains : danseuse incomparable, est une des rares bicyclistes exquises à regarder.

« Signe distinctif : est aussi bonne et charitable que brillante et jolie. Pour les humbles et les simples, est la plus gentille des providences. »

Nous avons noté encore cette appréciation d'une Revue : « Elle est jeune, élégante, et belle, la baronne Madeleine Deslandes..... Sa toilette se démodera, sa beauté passera, sa jeunesse s'évanouira comme un songe. Ce qui ne faiblira pas, c'est son image réflétée dans le pur miroir qu'est cette œuvre-là, *Ilsc.....* Elle ira ainsi à l'avenir, parée de ses éphémères et toutefois durables élégances. »

Ajoutons qu'*Ilse* va paraître en langue allemande ; la traduction est faite par le baron Omptéda, un des auteurs en vogue d'Outre-Rhin.

VI

Qu'ajouter à ces jugements, qui émanent des sources les plus différentes, et s'accordent tous à proclamer le talent de la baronne Deslandes ?

Elle a pris, elle a conquis une place spéciale dans la littérature de notre temps, par sa nature affinée, l'élégance de sa pensée et de son style, dont le balancement harmonieux ressemble à une caresse.

Ossit a devant elle une belle carrière littéraire à parcourir. Elle est de ces âmes qui portent en elles le sentiment magique de la Beauté. Sa noble ambition nous remet en mémoire des vers que nous avons écrits autrefois, et qui s'adressent aux esprits comme le sien : Après avoir parlé de la vie et de la mort des êtres sans Idéal, je dis :

> Vous ne fermerez point de la sorte vos yeux,
> Poètes qui marchez la tête dans les cieux,
>   Et les pieds sur la terre ;
> Vous qui vous en allez, de saison en saison,
> Confiant à la fleur, à l'étoile, au buisson,
>   Votre espoir solitaire !

> Vous qui chantez l'amour, l'amour pur et craintif
> Des vierges de seize ans, vous qu'un roseau plaintif
>   Attriste, ou fait sourire ;
> Vous qui sentez frémir l'âme de l'Univers,
> O grands consolateurs, et qui vivez vos vers
>   Avant de les écrire !

Vous qui d'un souvenir consacrez les douceurs,
Et qui de la pensée éloquents défenseurs,
        Dominez la matière !
Vous dont la strophe ailée évoque les grandeurs
Des siècles disparus, et frisonne aux splendeurs
        De la Nature entière !

Hérauts qui célébrez les coteaux, les vallons,
La neige des hivers, les bruyants aquilons,
        La brise printanière,
Les moissons, les forêts et l'humble fleur des champs
Soldats qui défendez l'honneur, et dans vos chants
        Exaltez sa bannière !

Non, vous ne mourrez pas de la même façon,
Que ceux dont les calculs, les élans, la raison
        N'ont point servi l'Idée !
Ils passent sans laisser la trace d'un bienfait ;
Le banal égoïsme a, lui seul, satisfait
        Leur âme dégradée !

Ils passent. — Vous restez ! A la postérité
Votre heureux souvenir d'âge en âge est porté
        Par la Gloire attendrie !
Ils meurent tout entiers ! — Vous bravez le trépas
Les révolutions ne vous atteignent pas,
        Quand mugit leur furie !

Les sceptres et l'orgueil des empereurs romains,
D'Auguste et de César, sont tombés de leurs mains :
        Leurs travaux et leur race
Pour l'Histoire ne sont qu'un chiffre, un document !
Mais on verra toujours sur eux paisiblement
        Planer le nom d'Horace ! (1)

---

(1) *La Vie Ardente*, 1 volume, chez Alphonse Lemerre (1883).

Merveilleuse puissance de la pensée, prestige sublime de la lyre des poètes, de la plume des romanciers, des philosophes ! Le temps et l'oubli finissent par avoir raison de toutes les agitations des hommes, de leurs vastes projets, de leurs ambitions, de leurs vaniteuses espérances. Seule, la pensée écrite les brave, et sourit de leurs efforts.

Combien vont vieillir, s'en aller, disparaître, tandis que la chère et mignonne petite Ilse sera vivante toujours, dans le livre de la séduisante Ossit, de la rêveuse et esthétique baronne Deslandes !

HIPPOLYTE BUFFENOIR

Paris, Novembre 1894.

Imp. Pairault et Cie 3, Passage Nollet, Paris (2892

ŒUVRES DE

HIPPOLYTE BUFFENOIR

LES PREMIERS BAISERS, poésies (5e édition). Magnifique volume sur papier de Chine . . . . 3 fr. »
LES BEAUX JOURS D'UN POÈTE, étude parisienne (7e édition). . . . 1 »
LES ALLURES VIRILES, poésie et prose. Edition de luxe (4e édition). 1 vol. . . . . 3 »
POUR CEUX QUI N'ONT PAS DE FOYER, poème. . . . . » 50
DEUX DISCOURS EN L'HONNEUR D'ALFRED DE MUSSET (1882-1883). 1 »
LA VIE ARDENTE, poésies (3e édition) . . . . 3 »
LES DRAMES DE LA PLACE DE GRÈVE, roman historique (6e édition). 3 »
LE DÉPUTÉ RONQUEROLLE, roman de mœurs contemporaines (6e édition). . . . . 3 »
CRIS D'AMOUR ET D'ORGUEIL, poésies (8e édition) . . . . . . 3 »
JEAN-JACQUES ROUSSEAU ET LES FEMMES, étude philosophique (5e édition). . . . . 1 »
CONFÉRENCE SUR LE « JÉSUS-CHRIST » du Père Didon (6e édition). » 50
LES RUSSES EN ASIE, notice sur les collections Moser (4e édition). » 50
POUR LA GLOIRE, poésies nouvelles (9e édition). . . . . . . 3 »
DISCOURS EN L'HONNEUR D'ALFRED DE MUSSET (1892) . . . . . » 50

GRANDES DAMES CONTEMPORAINES

LA DUCHESSE D'UZÈS, avec un portrait (5e édition). . . . . . 1 »
LA PRINCESSE DE BRANCOVAN (5e édition). . . . . 1 »
LA BARONNE DOUBLE (Étincelle), 4e édition. . . . . . 1 »
LA VICOMTESSE DE TRÉDERN (7e édition). . . . . . . 1 »
LA BARONNE DURAND DE FONTMAGNE, née de Melfort. . . . . 1 »
LA COMTESSE GREFFULHE (7e édition) . . . . 1 »
MADAME GUIMET (4e édition) . . . . 1 »
LA COMTESSE DE GIDROL . . . . 1 »
LA PRINCESSE HÉLÈNE ALEXANDRE BIBESCO. . . . . . 1 »
LA DUCHESSE DE LUYNES (4e édition) . . . . 1 »
LA VICOMTESSE DE GRANDVAL . . . . 1 »
MADAME HOCHON. . . . . 1 »
LA BARONNE DESLANDES (Ossit). . . . . 1 »

SOUS PRESSE

CONFESSIONS ET SOUVENIRS . . . . 3 »
MADAME FURTADO-HEINE . . . . 1 »
LA COMTESSE LOUIS DE VAULTIER. . . . . 1 »
GRANDS SOUVENIRS. . . . . 3 »
MADEMOISELLE LUCE HERPIN (Lucien Pérey). . . . . . 1 »

Paris. — Imp. PAIRAULT & Cie, 3, passage Nollet (2892).

www.ingramcontent.com/pod-product-compliance
Lightning Source LLC
Chambersburg PA
CBHW061637050726
47595CB00007B/3243